VENTE

Du Samedi 13 Mai 1911

HOTEL DROUOT, SALLE Nᵒ 11

A DEUX HEURES

Meubles Modernes

OBJETS D'ART

TAPIS

COMMISSAIRE-PRISEUR

Mᵉ ROBERT BIGNON

CATALOGUE

DES

Meubles Modernes

Chambre à coucher et Salle à manger en noyer,
style Louis XV,
Canapés, Bergères, Fauteuils, Consoles, Meuble en laque,
Ameublement de bureau en poirier, Commode,
Meubles en marqueterie de bois, Vitrines, Tables de salon,
Bibliothèques laquées, style Louis XVI,
Paravents, Guéridons, etc.

OBJETS D'ART

STATUETTES EN BRONZE, VASES MARBRE ET BRONZE,
GARNITURES DE CHEMINÉES, PENDULES, GLACES,
FLAMBEAUX, COLONNES EN MARBRE, LAMPES, TERRES CUITES, ETC.

GRAVURES — TABLEAUX — CADRES

TAPIS — RIDEAUX

DONT LA VENTE AURA LIEU

HOTEL DROUOT, SALLE N° 11

LE SAMEDI 13 MAI 1911

A DEUX HEURES

Mᵉ ROBERT BIGNON, COMMISSAIRE-PRISEUR

41, rue de la Victoire

EXPOSITION PUBLIQUE

Le Vendredi 12 Mai 1911, de 2 heures à 6 heures

CONDITIONS DE LA VENTE

Elle sera faite au comptant.

Les adjudicataires paieront *dix pour cent* en sus des enchères.

L'exposition mettant le public à même de se rendre compte de l'état et de la nature des objets, aucune réclamation ne sera admise une fois l'adjudication prononcée.

Paris. — Imp. de l'Art, Ch. BERGER, 41, rue de la Victoire.

DÉSIGNATION

GRAVURES, TABLEAUX
CADRES

1 — Gravure en noir : le Baiser à la dérobée.

2 — Gravure en couleurs : Paysage animé.

3 — Gravure en noir, d'après TENIERS : Saint Antoine.

4 — Gravure en noir : le Porte-drapeau de la Fête civique.

5 — Dessin en couleurs, de BENJAMIN RABIER.

ÉCOLE MODERNE

6 — *Femme endormie.*

ÉCOLE MODERNE

7 — *Vache au pâturage.*

DELPY

8 — *Bords de l'Oise.*

LHERMITTE

9 — *Paysannes. Étude.*

10 — Livre de gravures.

11 — Cadre Louis XVI en bois sculpté et doré.

12 — Deux cadres Louis XVI dorés.

13 — Cadre Louis XV en bois sculpté et doré.

14 — Grand cadre Louis XIV en bois sculpté et doré, à rocailles.

15 — Grand cadre en bois sculpté. Style Louis XV.

16 — Cadre en bois sculpté et doré. Style Louis XVI.

17 — Cadre Louis XIV, de forme ovale, en bois sculpté et doré.

OBJETS D'ART

18 — Glace en bois sculpté à rocailles. Travail Italien. Style Louis XIV.

19 — Petit cartel de salle à manger en bois sculpté.

20 — Brûle-parfums en bronze du Japon, couvercle surmonté d'un oiseau.

21 — Paire de cassolettes en émail cloisonné, monture en bronze doré à têtes de béliers.

22 — Paire de flambeaux en bronze argenté à palmettes. Style Louis XVI.

23 — Corbeille à fruits, forme feuille, en métal argenté.

24 — Service à thé en métal argenté, composé d'un plateau rond, d'une théière, d'un pot à crème et d'un sucrier.

25 — Plat de forme ovale en métal argenté, de la *Maison Ercuis*.

26 — Jumelle avec manche en nacre.

27 — Petit coffret .à ouvrage avec sa garniture, couvercle en marqueterie d'écaille et cuivre.

28 — Grande applique en bronze doré à trois lumières électriques. Style Louis XV.

29 — Paire de petits brûle-parfums en marbre blanc, monture en bronze. Style Louis XVI.

3o — Buste de Louis XV en plâtre teinté. xviiie siècle.

3i — Deux plats en ancienne faïence décorée.

32 — Lion en bronze de *Barye*.

33 — Groupe en biscuit : *Le Baiser* de HOUDON, sur fût de colonne cannelée, en biscuit teinté noir.

34 — Vase à quatre faces en porcelaine de Chine, famille verte.

35 — Bol en faïence persane, à décor ajouré.

36 — Pendule en bronze doré : à gauche du cadran, un amour ; sur le devant du socle, frise ciselée.

37 — Pendule-religieuse en bois noir, à appliques et cariatides en bronze doré.

38 — Paire de chenets à rocailles, en bronze doré. Style Louis XV.

39 — Statuette en marbre : Baigneuse, d'après Falconnet.

40 — Statuette en bronze patiné : Mélodie, par Carrier-Belleuse.

41 — Glace biseautée, forme médaillon, cadre doré.

42 — Petit flacon en cristal, monture en argent, et six gobelets en argent.

43 — Deux pigeons en porcelaine décorée.

44 — Plaque de cheminée en fonte, décor à écusson.

45 — Deux plats, deux assiettes et un pichet en étain. Style Louis XV.

46 — Pendule Empire en bronze doré, à sujet allégorique ; sur le devant, petite frise ciselée.

47 — Lampe électrique en bronze, formée par un petit bosquet sous lequel se trouve un petit joueur de flûte en porcelaine. Style Louis XVI.

48 — Deux groupes en porcelaine décorée.

49 — Lustre en bronze doré à trois lumières électriques. Style Louis XV.

50 — Plafonnier en bronze, orné de cristaux, installé à l'électricité. Style Louis XVI.

51 — Coupe de forme ovale en porcelaine décorée, monture en bronze.

52 — Paire de potiches couvertes en porcelaine craquelée de la Chine.

53 — Devant de bahut Renaissance en bois sculpté.

54 — Groupe en terre cuite, sur socle.

55 — Paire de vases en cristal taillé, monture en bronze argenté. Style Louis XVI.

56 — Bout de table en bronze à deux lumières électriques, formé par un perroquet en porcelaine.

57 — Buste en terre cuite : Vierge, de DONATELLO.

58 — Statuette en bronze, sur socle en marbre : Enfant patineur.

59 — Paire de girandoles en bronze argenté à quatre lumières. Style Louis XVI.

60 — Paire de girandoles en bronze doré et patiné, à quatre lumières, sur pieds à griffes Style Empire.

61 — Garniture de cheminée en marbre et bronze doré, composée d'une pendule formée par trois amours soutenant une boule et deux candélabres à quatre lumières.

62 — Groupe en bronze patiné : Le Triomphe de Bacchus, d'après CLODION, socle en marbre de Sienne.

63 — Vase en porcelaine, monture, anses et bouquets de six lumières électriques en bronze doré. Style Louis XV.

64 — Paire de vases-cassolettes en marbre de couleurs, monture en bronze. Style Louis XVI.

65 — Paire de colonnes à plateaux en marbre vert de mer, monture et appliques en bronze. Style Louis XVI.

66 — Cartel en bronze doré. Style Louis XVI.

67 — Quatre appliques en bronze à fond de glace·

68 — Paire d'appliques en bronze doré à cinq lumières électriques, de la *Maison Barbedienne*. Style Louis XV.

69 — Paire de colonnes en marbre gris et de couleurs. Style Louis XVI.

70 — Deux sellettes en acajou garni de cuivre, formées par quatre colonnes à cannelures.

71 — Galerie de foyer en bronze doré, à rocailles. Style Louis XV.

72 — Jardinière en biscuit, formée par des enfants faisant une ronde.

73 — Benjo.

74 — Glace, cadre doré. Style Louis XV.

75 — Lustre en bronze doré, garni de cristaux. Style Louis XV.

76 — Statuette en bronze : Libellule, signée : DROUOT.

77 — Paire de vases en marbre vert, monture et guirlandes en bronze doré. Style Louis XVI.

78 — Lustre en bronze doré, installé pour l'électricité. Style Louis XV.

79 — Objets d'art omis.

MEUBLES

80 — Chambre à coucher en noyer ciré et sculpté
à coquilles ; elle se compose d'une armoire à
trois portes à glaces biseautées, de deux lits
jumeaux avec sommiers, et de deux tables de
nuit. Style Louis XV.

81 — Paravent en noyer sculpté, s'ouvrant à cinq
feuilles recouvertes d'étoffe. Style Louis XV.

82 — Guéridon en bois sculpté peint. Style
oriental.

83 — Banquette en bois doré, recouverte de soierie. Style Louis XV.

84 — Canapé en bois sculpté et doré à rocailles,
recouvert de velours frappé. Style Louis XV.

85 — Petit canapé-marquise, même style.

86 — Guéridon en acajou, orné de bronze. Style
Louis XVI.

87 — Paire de grandes gaines en bois sculpté
peint gris, à trois pieds.

88 — Table de salon de forme rectangulaire en
bois doré, recouverte d'un marbre gris veiné.
Style Louis XVI.

89 —· Guéridon en acajou, garni de bronze. Style Empire.

90 — Salle à manger en noyer ciré et sculpté, à rocailles, composée d'un buffet à vitrine et portes pleines sur les côtés et deux portes dans le bas, d'une desserte à étagère, dessus de marbre, d'une table, deux fauteuils et six chaises foncés de canne. Style Louis XV.

91 — Deux bibliothèques de forme haute en bois laqué blanc et sculpté, à portes simulant des reliures de volumes. Style Louis XVI.

92 — Coiffeuse Louis XV en bois naturel, à trois tiroirs.

93 — Canapé-marquise en bois sculpté, foncé de canne, pieds à cannelures. Style Louis XVI.

94 — Bergère en bois sculpté, recouverte de soierie. Style Louis XVI.

95 — Casier à musique en bois sculpté et doré, à étagères, dessus en marbre. Style Louis XVI.

96 — Petite table étagère en laque.

97 — Paire de chaises laquées blanc, sièges foncés de canne.

98 — Table de salon en bois sculpté et doré, à rocailles, couverte d'un marbre. Style Louis XV.

99 — Console avec glace en bois sculpté doré, à dessus de marbre. Style Louis XIV.

100 — Petite étagère. Style art nouveau.

101 — Vitrine, de même style.

102 — Toilette en acajou, à dessus de marbre, surmonté d'une glace. Style art nouveau.

103 à 107 — Ameublement de bureau en poirier, composé d'un bureau-ministre, d'un fauteuil et quatre chaises, recouverts en drap et d'un lot de boiseries formant casiers, cartonniers, etc. (Sera divisé.)

108 — Petit bureau de dame, en marqueterie de bois, s'ouvrant à abattant, chutes en bronze. Style Louis XV.

109 — Commode en marqueterie de bois, dessus en marbre. Style Louis XVI.

110 — Console en bois sculpté, dessus de marbre. Style Louis XV.

111 — Meuble à dos d'âne en marqueterie de bois, formant commode et bureau ; le haut en laque de Chine sur fond noir, s'ouvrant à une porte à glace intérieure. xviii° siècle.

112 — Chaise en bois sculpté, siège recouvert en tapisserie d'Aubusson.

113 — Prie-Dieu en bois marqueté d'ivoire.

114 — Grand canapé Louis XVI, peint blanc. pieds à cannelures, recouvert d'étoffe rouge.

115 — Petite table de forme ovale, à tiroirs, en marqueterie de bois, entourée d'une galerie de cuivre ajouré. Style Louis XVI.

116 — Deux chaises en bois sculpté, l'une recouverte en velours, l'autre en soierie.

117 — Table à ouvrage Empire en acajou, à colonnettes.

118 — Table de salon en marqueterie de bois, chutes en bronze à têtes de béliers. Style Louis XVI.

119 — Table rognon, avec tablette entrejambe, en marqueterie de bois à feuillages et rinceaux. Style Louis XVI.

120 — Petite table à un tiroir en marqueterie de bois, le dessus simulant deux livres sur une table, entourage de cuivre, et ornée de bronzes dorés. Style Louis XVI.

121 — Vitrine à une porte en marqueterie, dessus entourage cuivre ajouré. Style Louis XVI.

122 — Petit meuble à tiroirs en marqueterie de bois, garni de bronze à guirlandes, rocailles, coquilles, rinceaux et têtes de béliers. Style Louis XV.

123 — Porte-manteaux en chêne sculpté, avec glace et table à tiroir, dessus marbre.

124 — Petite table à ouvrage, à deux tiroirs, en marqueterie de bois de rose et palissandre. Style Louis XV.

125 — Petite commode Louis XVI en bois naturel, s'ouvrant à un tiroir sur le côté, dessus en marbre de couleurs.

126 — Bureau en acajou et cuivre, de style Louis XVI.

127 — Canapé en noyer ciré à coquille, recouvert étoffe. Style Louis XV.

128 — Encoignure en marqueterie de bois, chutes en bronze doré. Dessus en marbre. Style Louis XVI.

129 — Support en bois sculpté. Dessus en marbre.

130 — Toilette à deux portes en pitchpin. Dessus en marbre.

131 — Table de milieu en palissandre, inscrustations de nacre. Style Louis XVI.

TAPIS, TENTURES

132 — Tapis de galerie, fond brique à palmettes, bordure à dessin bleu et crème.

> Haut., 6 mètres; larg., 4 m. 70 cent.

133 — Tapis de Smyrne, fond vert à médaillon rouge.

> Haut., 2 m. 80 cent. ; larg., 93 cent.

134 — Tapis Chiras, fond rouge à palmettes, bordure bleue.

> Haut., 2 m. 70 cent; larg., 1 m. 50 cent.

135 — Tapis Schoumack, fond brique à trois médaillons, fond jaune et bleu.

136 — Petite carpette, fond bleu à palmes, bordure vieux rouge.

137 — Carpette d'Orient, à dessins de couleurs.

138 — Petit tapis d'Orient.

139 — Cinq rideaux en peluche.

140 — Lot de tentures.

---

141 — Bicyclette de dame « Ajax », avec roue libre et frein.

142 — Objets omis.